# Inglaterra

**Grace Hansen**

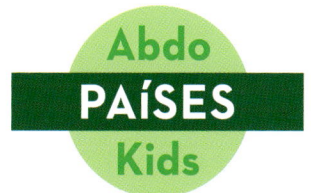

Abdo Kids Jumbo es una subdivisión de Abdo Kids
abdobooks.com

**abdobooks.com**

Published by Abdo Kids, a division of ABDO, P.O. Box 398166, Minneapolis, Minnesota 55439.
Copyright © 2020 by Abdo Consulting Group, Inc. International copyrights reserved in all countries.
No part of this book may be reproduced in any form without written permission from the publisher.
Abdo Kids Jumbo™ is a trademark and logo of Abdo Kids.

Printed in the United States of America, North Mankato, Minnesota.

102019

012020

Spanish Translator: Maria Puchol

Photo Credits: AP Images, Getty Images, iStock, North Wind Picture Archives, Shutterstock

Production Contributors: Teddy Borth, Jennie Forsberg, Grace Hansen
Design Contributors: Dorothy Toth, Pakou Moua

Library of Congress Control Number: 2019944009

Publisher's Cataloging-in-Publication Data

Names: Hansen, Grace, author.

Title: Inglaterra/ by Grace Hansen

Other title: England. Spanish

Description: Minneapolis, Minnesota : Abdo Kids, 2020. | Series: Países

Identifiers: ISBN 9781098200909 (lib.bdg.) | ISBN 9781098201883 (ebook)

Subjects: LCSH: England--Juvenile literature. | Great Britain--History--Juvenile literature. | Europe--
    Juvenile literature. | Geography--Juvenile literature. | Spanish language materials--Juvenile literature.

Classification: DDC 942--dc23

# Contenido

## Historia de Inglaterra

Inglaterra es un país en el Reino Unido. El Reino Unido está en Europa. Escocia, Gales e Irlanda del Norte también están en el Reino Unido.

Escocia

Irlanda del Norte

Irlanda

Gales

**Inglaterra**

**Europa**

océano
Atlántico

**África**

N
W · E
S

5

Los **anglosajones** invadieron Inglaterra durante los años 400 y 500. Se establecieron en el lugar. El idioma inglés viene de muchas palabras anglosajonas.

7

Inglaterra tiene una **monarquía constitucional**. El **parlamento** hace las leyes. El rey o la reina son el jefe del estado. El primer ministro es el jefe del gobierno.

9

## Geografía y ciudades importantes

La capital de Inglaterra y del Reino Unido es Londres. Londres es además la ciudad más grande del Reino Unido. Allí viven más de 8.7 millones de personas.

11

El río Támesis recorre Inglaterra por el sur, pasando por Londres. El puente de la Torre se extiende a lo ancho del río.

Inglaterra está formada mayoritariamente de colinas bajas y planicies. Aunque el norte y el oeste son mucho más montañosos. A los montes Peninos se les llama a menudo "la espina dorsal de Inglaterra".

15

## Comidas

La comida **tradicional** de Inglaterra es simple. Entre las comidas típicas están los *fish and chips* y el *Yorkshire pudding*. A muchos ingleses les gusta tomar té con leche y azúcar.

17

## Deportes

El fútbol es muy popular en Inglaterra. El rugby y el críquet son otros deportes populares en Inglaterra.

19

## Gente famosa

Inglaterra tiene extraordinarios escritores. William Shakespeare escribió muchas obras, poemas y sonetos. J.K. Rowling escribió la serie de Harry Potter.

William
Shakespeare

21

# Lugares impresionantes de Inglaterra

**Big Ben**
Londres, Inglaterra

**Durdle Door**
Dorset, Inglaterra

**Stonehenge**
Wiltshire, Inglaterra

**Acantilados blancos de Dover**
Kent, Inglaterra

22

# Glosario

**anglosajón** – persona de ascendencia germana que vivió en Inglaterra antes de la conquista normanda.

**monarquía constitucional** – sistema de gobierno en el que un país es gobernado por un rey o reina, cuyo poder está limitado por una constitución o por leyes y reglas.

**parlamento** – parte del gobierno que crea las leyes. En Inglaterra está formado por la Cámara de los Comunes y la Cámara de los Lores.

**tradicional** – relativo a las costumbres y formas de hacer las cosas de una cultura.

*Yorkshire pudding* – bollo horneado hecho de masa con huevo y sin azúcar, se come normalmente con carne asada.

# Índice

Abdo Kids
ONLINE
FREE! ONLINE MULTIMEDIA RESOURCES

¡Visita nuestra página abdokids.com para tener acceso a juegos, manualidades, videos y mucho más!

Usa este código Abdo Kids

**CEK5519**

¡o escanea este código QR!